ERSTLESER

Fußball

Ravensburger

Konzept und Text: Sandra Noa
Illustration: Alexander Bux

Fachliche Beratung: Lutz Hangartner,
Bund Deutscher Fußball-Lehrer

Layout: Katrin Kleinschrot und Marion Köster
Satz: Katrin Kleinschrot

1 3 5 4 2

Postfach 2460 • D-88194 Ravensburg

Printed in Germany

ISBN 978-3-473-60025-0

www.ravensburger.de
www.wiesoweshalbwarum.com

MIX
Papier | Fördert gute Waldnutzung
FSC® C111262

Inhalt

Was muss ich über Fußball wissen?

Warum ist Fußball so beliebt?

Für Fußball brauchst du nur
einen Ball und ein paar Spieler.
Als Spielfeld kommt
jede freie Fläche infrage.
Mit Steinen oder Jacken
kannst du Tore abgrenzen.
Und schon geht es los:
rennen, kicken, Tore schießen!
Die meisten Regeln sind so einfach,
dass jeder sie versteht.

Überall spielen Menschen Fußball.

Nicht nur die Spieler selbst haben Spaß.
Auch die Zuschauer am Rand
oder zu Hause vorm Fernseher
jubeln begeistert.
Sie freuen sich über Tricks und Tore
und fiebern aufgeregt mit.
Bis zum Schluss bleibt es spannend:
Welches Team wird gewinnen?

Wofür gibt es Linien auf dem Rasen?

Fußballrasen ist besonders kräftig,
dicht und leicht zu pflegen.
Die weißen Linien darauf
markieren das Spielfeld
und die einzelnen Bereiche.
Jeder Bereich hat eine Bedeutung.
Auf dem Anstoßpunkt startet jedes Spiel
und geht nach einem Tor dort weiter.

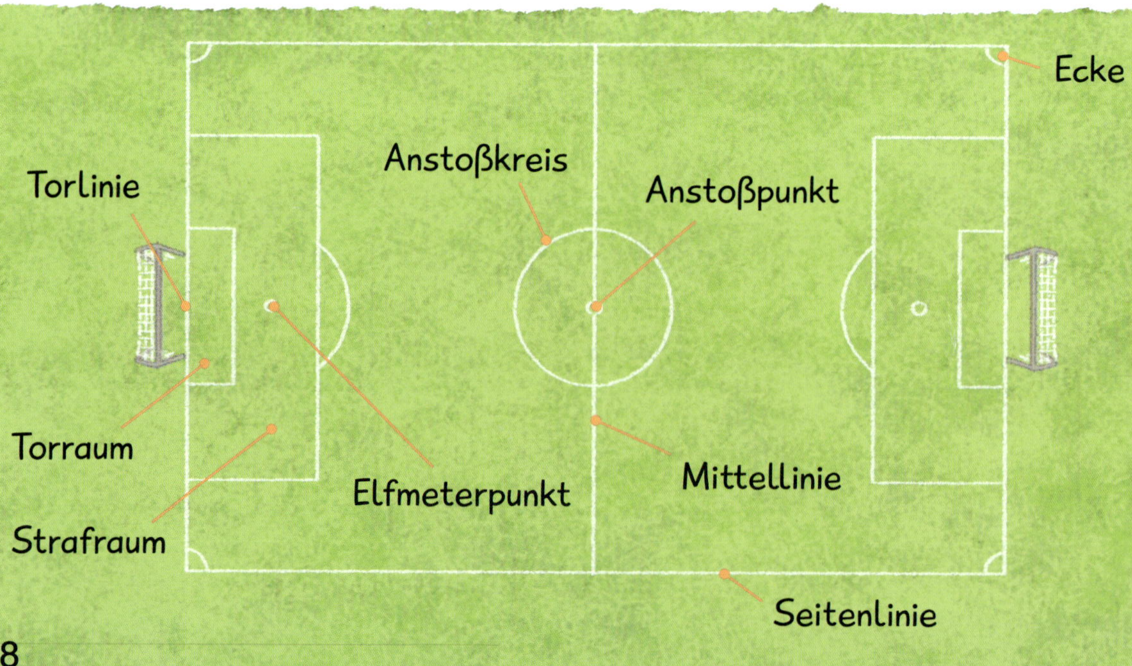

Im Strafraum werden Fouls
härter bestraft
als auf dem restlichen Feld.
Der Platzwart zieht alle Linien
regelmäßig nach.
Damit sie gerade sind,
spannt er eine Schnur.
An ihr entlang schiebt er
einen kleinen Wagen.
Mit ihm verteilt er
weißes Pulver
oder weiße Flüssigkeit.

Platzwart

Neben dem Spielfeld
ist die technische Zone
für Trainer und Ersatzspieler.

Wer steht wo auf dem Feld?

Bei Erwachsenen besteht jedes Team aus elf Spielerinnen oder Spielern. Jeder spielt auf einer bestimmten Position und hat eine Hauptaufgabe: Stürmer schießen aufs Tor. Mittelfeldspieler bereiten Tore vor und unterstützen die Abwehrspieler, die auch Verteidiger genannt werden. Diese nehmen den gegnerischen Stürmern in der Nähe des eigenen Tors den Ball ab.

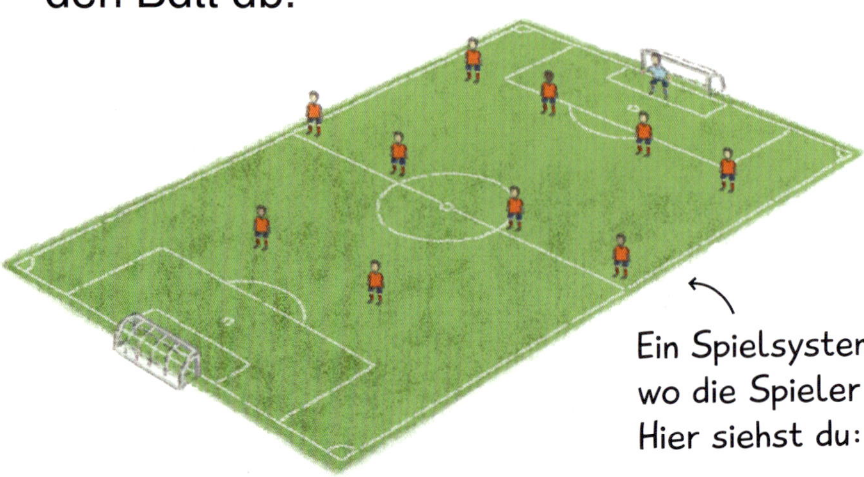

Ein Spielsystem beschreibt, wo die Spieler stehen. Hier siehst du: 4 - 4 - 2.

Nur im Strafraum
darf der Torwart den Ball
mit der Hand berühren.

Wenn es etwas zu klären gibt,
spricht der Schiedsrichter
mit dem Kapitän.

Der Torwart verhindert Tore.
Der Kapitän oder Spielführer
ist für sein Team verantwortlich.
Du erkennst ihn an der Binde
am Oberarm.
Kinder spielen in ihrer Mannschaft
auf jeder Position.
7- bis 8-Jährige stehen
in der F-Jugend
meist mit drei Feldspielern
und einem Torwart auf dem Platz.

Welche Regeln sind zu beachten?

Erwachsene spielen meist
zweimal 45 Minuten,
Kinder in der F-Jugend dagegen
nur zweimal 12 Minuten.
Mit dem Anstoß beginnt das Spiel.
Einen Abstoß macht ein Spieler,
nachdem die Gegner den Ball
außerhalb vom Tor
über die Torlinie geschossen haben.

Der Abstoß erfolgt immer innerhalb des Torraums, meist durch den Torwart oder die Torwartin.

Ein Eckstoß
in den Strafraum
wird oft zum Tor.

Schießt deine eigene Mannschaft
den Ball über die Torlinie,
folgt ein Eckstoß der Gegner.
Deine Mannschaft wirft den Ball ein,
nachdem eure Gegner ihn
über die Seitenlinie gekickt haben.
Außer beim Einwurf dürfen Hände
und Arme den Ball nicht berühren!
Nach Ablauf der Zeit
steht das Ergebnis fest:
Gewonnen, verloren oder
unentschieden?

Nur ein Ball
hinter der Torlinie
zählt als Tor.

Die Gelbe Karte
ist eine Verwarnung.
Die Rote Karte
bedeutet Platzverweis.

Wofür gibt es Strafen?

Ein Schiedsrichter achtet darauf,
dass alle die Regeln einhalten.
Als unsportliches Verhalten gelten
zum Beispiel das Treten, Beleidigen,
Festhalten, Anspucken und Handspiel.
Dafür bekommt ein Spieler eine Strafe.

Täuscht ein Spieler
ein Foul vor
und lässt sich fallen,
nennt man das Schwalbe.
Auch das kann
bestraft werden.

Oft schützen beim Freistoß Spieler das Tor mit einer Mauer.

Eine Strafe kann ein Freistoß
für die gegnerische Mannschaft sein.
Einen Strafstoß oder Elfmeter gibt es,
nachdem es im Strafraum
unsportlich zuging.
Der Schiedsrichter benutzt
eine Pfeife und Handzeichen,
um seine Entscheidungen mitzuteilen.
Er pfeift das Spiel an und ab.
Auch legt er fest,
wann das Spiel
nach einer Unterbrechung weitergeht
und wie lange die Nachspielzeit dauert.

Wer unterstützt den Schiedsrichter?

Im Profi-Sport arbeitet
ein Schiedsrichter mit Assistenten.
Zwei von ihnen unterstützen ihn
auf dem Feld.
Sie achten auf die Situationen,
die der Schiri nicht sehen kann.
Ist der Schiedsrichter sich unsicher,
fragt er seinen Video-Assistenten.

Der schaut sich die Situation
in Zeitlupe auf einem Bildschirm an.
Das wird auch Videobeweis genannt.
Über Funk teilt er sein Ergebnis mit.
Kameras überwachen den Torraum.
Sie zeichnen auf,
ob der Fußball die Torlinie
vollständig überquert hat.
Der Vierte Offizielle bleibt am Rand.
Er zeigt zum Beispiel
die Dauer
der Nachspielzeit an.

Die Vierte Offizielle zeigt auf einer Anzeigetafel, welche Spieler ausgewechselt werden.

Seit wann gibt es Fußball?

Niemand weiß genau,
wann und wo zum ersten Mal
Fußball gespielt wurde.
Jedoch ist ein 5000 Jahre altes Spiel
aus China bekannt:
„Ts‘uh küh“.
Übersetzt bedeutet das in etwa
„einen Ball mit dem Fuß treten“.

Das Tor beim Ts'uh küh
war nur eine Armlänge breit.

Aber auch woanders
kickten die Menschen Bälle.
Die modernen Fußballregeln gibt es
erst seit ungefähr 160 Jahren.
Sie wurden in England aufgestellt,
der „Heimat des Fußballs“.

Vor Einführung
der Regeln
durfte jeder spielen,
wie er wollte.

Die Engländer gründeten damals
den ersten Fußballverband.
Lange Zeit durften Frauen
nicht in Vereinen spielen.
Trotzdem veranstalteten sie
sogar Länderspiele.
Weil immer mehr Damenspiele
stattfanden,
wurde das Verbot 1970 aufgehoben.

Wie sieht
Fußball wohl
in Zukunft
aus?

Die meisten
Profi-Fußballerinnen
verdienen viel weniger
als Männer und arbeiten
neben dem Sport.

Leserätsel

1 Was gehört zusammen?
Verbinde die Wörter mit Linien.

SPIEL	BEWEIS
VIDEO	RICHTER
PLATZ	STOß
SCHIEDS	FELD
FREI	WART

2 In dem Gitter sind
fünf Begriffe versteckt.
Kreise sie ein.

A	Z	U	S	C	H	A	U	E	R
L	F	L	A	S	Q	U	E	K	P
F	T	G	P	L	A	T	Z	V	F
L	O	C	K	P	I	E	G	S	E
U	R	L	D	A	O	X	V	H	I
T	C	W	E	Z	T	U	P	I	F
P	U	S	T	R	A	F	E	G	E

3 Welche fünf Wörter haben sich in den Bällen versteckt? Schreibe sie auf.

R n e s a

Rasen

e i i L n

Linie

e w A r b h

Abwehr

n k e k c i

kicken

t S r ü e r m

Stürmer

Spielfeld zum Stickern

17

Wie werde ich ein Superkicker?

Was mache ich beim Fußballtraining?

Im Fußballverein kannst du als Kind
mit Jungs und Mädchen trainieren.
Die Trainer kennen
viele Spiele und Übungen.
Sie bringen dir bei,
wie du den Ball am besten annimmst
und weiterspielst.

Sie trainieren deine Ausdauer,
damit dir auf dem Platz
nicht die Luft ausgeht.
Und mit lustigen Sportübungen
stärkst du alle deine Muskeln.
Auch das Aufwärmen vorher und
das Dehnen hinterher gehören dazu.
Beides schützt deinen Körper
vor Verletzungen.
Vielleicht aber am allerwichtigsten:
Du spielst mit anderen im Team.
Ihr lernt,
euch aufeinander zu verlassen.

Welche Schusstechnik ist die beste?

Ein erfolgreicher Fußballer muss viele Schusstechniken beherrschen. Nur dann landet der Ball immer dort, wo er hin soll.
Mit dem **Vollspann** schießt du weit oder mit viel Kraft aufs Tor.
Der **Innenspann** eignet sich für lange Pässe und Freistöße.
Bei kürzeren Pässen ist ein Zuspiel mit der **Innenseite** besonders zielgenau.

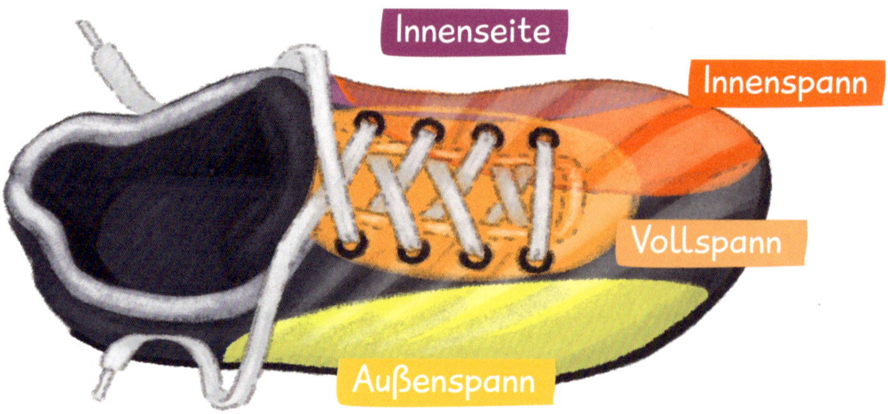

Die Ballabnahme wird auch Tackling genannt.
Ein Beispiel ist die Grätsche.

Ein Schuss
mit dem **Außenspann**
lässt den Ball einen Bogen machen.
Das ist perfekt zum Umspielen des Gegners.
Verwirrend wirkt der Doppelpass.
Dabei wird der Ball ohne Stopp
zum nächsten Mitspieler gepasst.
Hinterherkommen fast unmöglich!
Auch ein Volley überrascht Gegner.
Dafür spielst du den Ball
direkt in der Luft weiter.

Übe den Volley
1. Laufe mit dem Ball in der Hand,
2. lass ihn fallen
3. und schieße ihn, bevor er auf dem Boden aufkommt.

Wofür sind Trainer verantwortlich?

Trainer gehören zum Team,
ohne auf dem Platz mitzuspielen.
Sie sorgen dafür,
dass alle fit sind und
verschiedene Techniken beherrschen.
Mit einzelnen Übungen holen sie
aus jedem Spieler das Beste heraus.
Trainer entscheiden auch,
wer beim Turnier aufläuft.

Vor einem Spiel und
in der Halbzeitpause besprechen sie
mit den Spielern die Taktik.
Mit aufmunternden Sprüchen geben sie
einem müden Team neue Kraft.
Vom Spielfeldrand aus
rufen sie ihm Tipps zu.
Alles in allem sind Trainer diejenigen,
die das Team zusammenhalten.
Bei den Profis werden sie meist
dafür verantwortlich gemacht,
wenn ein Team nicht erfolgreich ist.
Dann wird oft
ein neuer Trainer gesucht.

Auf einer Tafel
zeigt der Trainer
die Taktik.

Wo kann ich noch Fußball spielen?

Nicht nur auf dem Rasen
kannst du ein Superkicker werden.
Wie wäre es mit einer Partie
Tischkicker oder Subbuteo?
Bei Subbuteo schnippst du
mit dem Finger
deine Spielfiguren über das Feld.
Auch für Computer und Konsolen
gibt es Fußballspiele.
Profispieler nennt man E-Sportler.

Subbuteo

Auch im E-Sport gibt es Turniere.

Beim Motoball
sitzen nur Torwart und Schiri
nicht auf einem Motorrad.

Es gibt sogar Taucher,
die Fußball spielen,
unter Wasser natürlich.
Beim Motoball
bleiben Motorradfahrer
zum Kicken auf ihren Maschinen.
In einen durchsichtigen Ball
schlüpfst du
beim Bubble-Fußball.
Es gelten
alle Fußballregeln,
aber du darfst
andere umschubsen.

Leserätsel

1 Wo fehlen diese Buchstaben?
Trage sie an der richtigen Stelle ein.

T	R	A	I	N	I				
B	A			G	E	F	Ü		
	O	L	L	E					
	I	T	N	E					

NG HL F SS Y V LL

2 Fülle die leeren Felder mit Silben.
Pro Zeile, Spalte und buntem Rechteck
darf jede Silbe
von VEREIN und TRAINER
nur einmal vorkommen.

NER	EIN	TRAI	
VER			EIN
		VER	

3 Was siehst du auf dem Bild?
Umkreise die Buchstaben
der richtigen Sätze.

Der Trainer pfeift.	MIT
Die Sonne scheint.	AUS
Die Kinder dehnen sich.	TAG
Der Ball ist kaputt.	BALL
Das Mädchen schießt.	DAU
Der Junge steht im Tor.	ER

Alle umkreisten Buchstaben ergeben:

Warum sind Profis so erfolgreich?

Wie werde ich zum Fußballstar?

Um Fußballstar zu werden, brauchst du vor allem eins: viel Spaß am Kicken! Du musst auch Mitglied in einem Verein sein. Von dort holen Talentsucher besonders begabte Kinder in einen größeren Verein.

Im Fußballinternat leben Nachwuchs-Profis ohne ihre Eltern.

Dann stehen Nachwuchsfußballer neben der Schule meist jeden Tag auf dem Platz.
Sie müssen sich sehr anstrengen.
Nur wer allein und im Team top ist, schafft es immer weiter, bis in eine Profi-Mannschaft.
Zeigen junge Profis tolle Leistungen, bewundern Fans sie dafür.
Diese wollen viel über sie wissen, ihr Trikot und Autogramme haben.
So machen Fans Fußballer zu Stars.

Junge Profis von Borussia Dortmund

Wer von ihnen hat das Talent zum Star?

Stars spielen nicht nur Fußball.

Was macht ein Fußball-Profi den ganzen Tag?

Profis trainieren fast jeden Tag
den ganzen Körper.
Alle haben
ihren eigenen Trainingsplan.
Damit die Spitzensportler im Spiel
hoch konzentriert sind,
bekommen sie auch mentales Training.
Das hilft zum Beispiel beim Elfmeter,
die Aufregung auszublenden.
In Trainingsspielen testen sie
neue Spielzüge.

Die Spieler ziehen Gewichte hinter sich her.

Im Fitnessraum trainieren Profis auch an Geräten.

Auch den Rest der Zeit kümmern sich
Profi-Kicker um ihren Körper.
Sie essen nach einem Ernährungsplan,
schlafen ausreichend und
kriegen Massagen.
Manchmal geben sie Interviews,
machen Werbung oder kommen
als Überraschung zum Kindertraining.

Übersteiger

Welche Tricks haben Profis auf Lager?

Profi-Fußballer kennen viele Tricks,
auch Finten genannt.
Mit ihnen behalten Spieler den Ball
oder nehmen ihn dem Gegner ab.
Oft täuschen sie einen Schuss an,
den sie dann gar nicht ausführen.
Beim Übersteiger zum Beispiel
führen Kicker
den rechten Fuß über den Ball.
Dann nehmen sie den Ball
mit dem linken Fuß
zur linken Seite mit.

Diese Finte wandeln Profis gern ab.
So machen manche
einen mehrfachen Übersteiger.
Bei der Passfinte schauen Fußballer
einen bestimmten Mitspieler an
und drehen den Körper zu ihm.
Die Gegner denken:
Zu dem wird er passen.
Doch in letzter Sekunde
spielt er den Ball
genau in die andere Richtung.

Freestyler sind
Ball-Akrobaten.
Sie beherrschen
die tollsten Tricks.

Beim Fallrückzieher schießt man
nach dem Absprung
den Ball in der Luft nach hinten
über den eigenen Kopf.

Wer ist besonders erfolgreich?

Der teuerste Fußballer ist Neymar.
Der Stürmer kommt aus Brasilien
und wechselte 2017
für 222 Millionen Euro
zum Verein Paris Saint-Germain!
Seine Landsfrau Marta galt lange
als die beste Fußballerin der Welt.
Als Stürmerin schoss sie schon
17 WM-Tore für Brasilien.

Neymar

Marta

Der Deutsche Marc-André ter Stegen
steht beim FC Barcelona im Tor.
Es ist einer
der erfolgreichsten Vereine der Welt.
Dort spielte lange auch Lionel Messi.
Besonders siegreich ist auch
Real Madrid.
Jahrelang gehörte Cristiano Ronaldo
zu diesem Verein.
Der Portugiese ist der erste,
der fünfmal zu den Gewinnern
der Champions League gehörte.

Lionel Messi

Cristiano Ronaldo

Marc-André ter Stegen

Wer gehört noch zum Verein?

Neben Spielern und Trainern
sind viele andere im Verein wichtig.
Beim FC Bayern München arbeiten
insgesamt über 500 Menschen!
Der Zeugwart hält die Ausrüstung
in Schuss.
Regelmäßig gehen die Sportler
zum Arzt der Mannschaft.
Er versorgt Verletzungen
und behandelt Krankheiten.

Profi-Vereine haben
einen eigenen Fahrer
für den Mannschaftsbus.

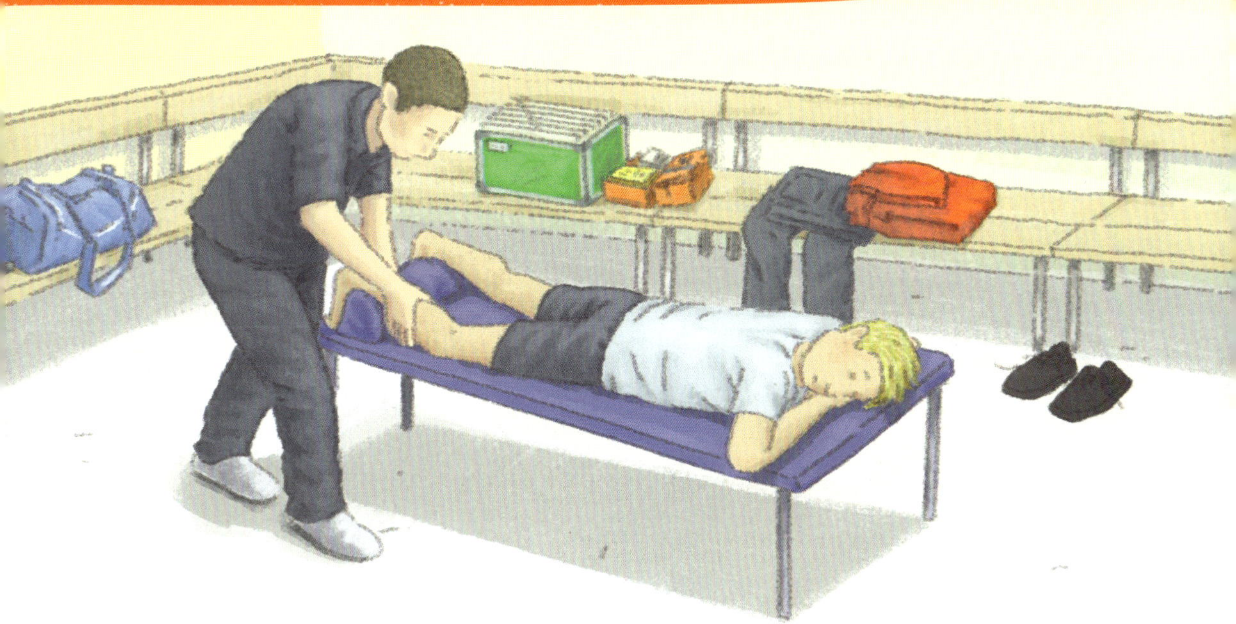

Physiotherapeuten lockern die Muskeln der Spieler.

Unterstützt wird er
von Physiotherapeuten.
Sie sind vor allem dafür zuständig,
Verletzungen vorzubeugen
und Muskeln zu behandeln.
Der Sportdirektor kümmert sich
zum Beispiel darum,
wer neu ins Team kommt.
Zusammen mit dem Pressesprecher
beantwortet er Fragen der Medien.
Der Vorstand ist dafür verantwortlich,
dass der Verein genug Geld hat.

Leserätsel

1 Löse das Kreuzworträtsel.

1. Unterschrift eines Stars
2. Ballwechsel zwischen zwei Spielern
3. Anderes Wort für Trick
4. Ort für Krafttraining
5. Wer hält die Ausrüstung in Schuss?
6. Mentales Training hilft beim …

2 Die Sätze beschreiben, wie du Fußballstar wirst. Welche Reihenfolge stimmt? Schreibe die Zahlen in die Kreise.

- Ich spiele in einer Profi-Mannschaft.
- Ich werde entdeckt.
- Ich wechsle in einen großen Verein.
- Ich werde bewundert.
- Ich schaffe es immer weiter.
- Ich trete in einen Verein ein.

3 Wie viele Silben haben diese Wörter? Klatsche und trage die Zahl ein.

- Sportdirektor
- Fußballstar
- Profi

Welche Wettbewerbe gibt es?

Wie findet man das beste Team im Land?

In den meisten Ländern gibt es
eine Top-Liga.
Dort treten die besten Teams an.
Wer in Deutschland
nach einer Saison
in der 1. Bundesliga
die meisten Punkte hat,
wird Deutscher Meister.
Bei den Männern holte sich
der FC Bayern München
häufiger als alle anderen den Titel.
Bei den Frauen ist
der 1. FFC Frankfurt
der erfolgreichste Verein.

FC Bayern München
mit Meisterschale

Manchester United
beim Torjubel

In England heißt die oberste Liga
bei den Männern Premier League.
Rekordhalter ist hier
Manchester United.
Erst seit 2011 gibt es
in der Heimat des Fußballs
auch eine Profi-Liga für Frauen.
Ihr Rekordmeister ist der FC Arsenal.

Spielerinnen
vom FC Arsenal
mit Meisterpokal

Real Madrid hat
die Champions League
in Europa 13-mal gewonnen.

Welche ist die beste Mannschaft der Welt?

Es gibt Turniere,
bei denen die besten Vereine
aus verschiedenen Ländern
gegeneinander antreten.
In Europa, Asien, Afrika,
Australien und Nordamerika
heißen sie Champions League.
Diese wird auch Königsklasse genannt.
In Südamerika ist es
die Copa Libertadores.
Es finden auch Turniere
zwischen Ländern eines Erdteils statt.

Dabei spielen Nationalmannschaften. Zum Beispiel gibt es die Europameisterschaft, den Afrika-Cup und die Copa América. Teams aus der ganzen Welt kicken bei der Weltmeisterschaft. Am häufigsten war bisher Brasilien Weltmeister. Bei den Frauen sind die USA Rekordsieger der WM.

Jede WM hat ein Maskottchen. Es soll Glück bringen.

Brasilien, 2014

1954, 1974, 1990 und 2014 wurde Deutschland Weltmeister.

Was passiert im Stadion?

Bundesligaspiele und andere wichtige Turniere finden in großen Stadien statt. Ein Stadionsprecher kündigt die Teams an und sorgt für Stimmung. Durch den Spielertunnel laufen die Profis dann aus der Umkleide auf den Platz. Angefeuert werden sie aus der Fankurve. Die befindet sich oft hinter einem Tor.

Wer als Einlaufkind dabei sein will, muss sich bewerben.

In einer Kabine sitzen Reporter
mit bestem Blick aufs Feld.
Für Radio und Fernsehen
kommentieren sie aufgeregt das Spiel.
Insgesamt sind über 2000 Menschen
im Stadion und drumherum
beschäftigt.
Zu ihnen gehören Verkäufer, Polizei,
Ordner, Techniker, Sanitäter
und viele mehr.

Nicht alle Fans passen ins Stadion. Viele gucken zusammen draußen oder in Bars.

Welche außergewöhnlichen Stadien gibt es?

Viele Stadien wurden nicht nur
für Fußballspiele gebaut,
sondern auch für andere Sportarten.
Das am höchsten liegende
ist das Estadio Hernando Siles.
Es liegt in über 3600 Metern Höhe.
Es gibt aber auch reine Fußballstadien.
Das größte ist das Camp Nou.
Fast 100 000 Menschen passen hinein!

La Paz, Bolivien

Barcelona, Spanien

Die Timsah Arena ist
wie ein Krokodil geformt.
Die Idee dafür entstand
aus dem Spitznamen
der heimischen Mannschaft Bursaspor.
Übersetzt bedeutet er
„Grüne Krokodile“.
Das Spielfeld
des Marina Bay Floating Stadium
schwimmt auf dem Wasser.
Die Zuschauer sitzen an Land.

Timsah Arena

Bursa, Türkei

Marina Bay Floating Stadium

Singapur

Wie zeigen Fans, welches Team sie mögen?

Oft werden Fans als
„zwölfter Mann“ bezeichnet.
Denn deren Unterstützung
ist fürs Gewinnen genauso wichtig
wie die Mannschaft selbst.
Weil mehr Fans vor Ort sind,
schießen viele Teams
bei einem Heimspiel mehr Tore
als bei einem Auswärtsspiel.

Mit Gesang und Plakaten
feuern Fans ihr Team an.
Sie tragen Schals,
Trikots oder Socken
mit aufgedrucktem Vereinslogo.
Manche bemalen sogar ihr Gesicht.
Einige Fußballfans lieben
den Sport so sehr,
dass sie ihren Kindern Namen
von berühmten Profis geben.
Andere kaufen Backmischungen,
nur weil ein Vereinslogo drauf ist.

Vor allem zur EM und WM
schmücken Fans ihre Autos.

Leserätsel

1 Welche Aussagen stimmen?
Kreuze an.

Deutscher Meister wird …

- [ ] der Erste in der 1. Bundesliga.
- [ ] der beste Fußballspieler.
- [ ] immer FC Bayern München.

Die Champions League …

- [ ] wird auch Königsklasse genannt.
- [ ] gibt es nicht in Südamerika.
- [ ] ist nur für deutsche Vereine.

Die Weltmeisterschaft …

- [ ] findet jedes Jahr statt.
- [ ] ist ein Turnier mit Vereinen.
- [ ] wird mit WM abgekürzt.

2 Auf dem Fanschal sind
vier Wörter versteckt.
Umkreise sie und
schreibe sie auf die Linien.

Lesequiz

1 Wie viele Fußballer spielen bei der F-Jugend im Team?

a) 4

b) 7

c) 9

2 Welches Land gilt als „Heimat des Fußballs“?

a) Italien

b) China

c) England

3 Wie nennt man Fußball auf Motorrädern?

a) Motoball

b) Motorradball

c) Motorball

4 Wie oft trainieren Profis pro Woche?

a) einmal

b) dreimal

c) fast täglich

5 Welche Nationalmannschaft der Frauen war am häufigsten Weltmeister?

a) Deutschland

b) USA

c) Brasilien

6 Wie werden Fans auch genannt?

a) Nummer eins

b) Glücksbringer sieben

c) zwölfter Mann

Lösungen

Seite 20/21

1
SPIELFELD
VIDEOBEWEIS
PLATZWART
SCHIEDSRICHTER
FREISTOß

2

A	Z	U	S	C	H	A	U	E	R
L	F	L	A	S	Q	U	E	K	P
F	T	G	P	L	A	T	Z	V	F
L	O	C	K	P	I	E	G	S	E
U	R	L	D	A	O	X	V	H	I
T	C	W	E	Z	T	U	P	I	F
P	U	S	T	R	A	F	E	G	E

3
Rasen
Linie
Abwehr
kicken
Stürmer

Seite 22/23

Seite 32/33

1

T R A I N I N G

B A L L G E F Ü H L

V O L L E Y

F I T N E S S

2

NER	EIN	TRAI	VER
VER	TRAI	NER	EIN
TRAI	VER	EIN	NER
EIN	NER	VER	TRAI

3 AUSDAUER

Seite 44/45

1

							2				6
							P				E
1›	A	U	T	O	G	R	A	M	M		L
	3						S				F
4›	F	I	T	N	E	S	S	R	A	U	M
	I										E
	N		5›	Z	E	U	G	W	A	R	T
	T										E
	E										R

2

5 Ich spiele in einer Profi-Mannschaft.

2 Ich werde entdeckt.

3 Ich wechsle in einen großen Verein.

6 Ich werde bewundert.

4 Ich schaffe es immer weiter.

1 Ich trete in einen Verein ein.

3

Sportdirektor 4

Fußballstar 3

Profi 2

Seite 56/57

1 Deutscher Meister wird …

☒ der Erste in der 1. Bundesliga.

Die Champions League …

☒ wird auch Königsklasse genannt.

☒ gibt es nicht in Südamerika.

Die Weltmeisterschaft …

☒ wird mit WM abgekürzt.

2

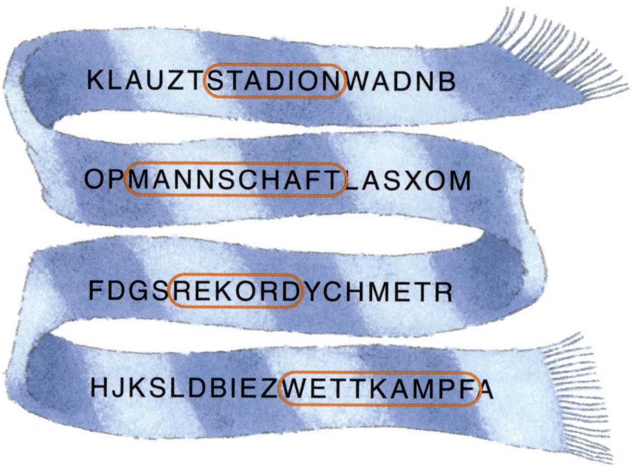

Seite 58/59

1 a)

2 c)

3 a)

4 c)

5 b)

6 c)

ERSTLESER

Spielerisch lesen lernen

Wieso Weshalb Warum

Weitere Informationen unter:
www.WiesoWeshalbWarum.com

Klebe an dieser Stelle
einen Briefumschlag ein.
Benutze dazu einen Klebestift
und beachte seine Kennzeichnung.
In dem Umschlag kannst du
die ausgeschnittenen Karten
aufbewahren.
So geht nichts verloren.